バーナーで作る

手作りとんぼ玉の本

監修／佐竹ガラス

河 出 書 房 新 社

Introduction

はじめに

　女性の間ですっかり人気が定着したビーズワーク。ただ「ビーズ」と一言でいってもさまざまな種類があり、素材ひとつとってみても、ガラス、天然石、パール、木の実、プラスチックなどいろいろ。この本で取り上げる「とんぼ玉」もそんなビーズのひとつで、一般にガラス製の穴のあいた丸い玉のことをいい、その多くは玉の表面に円文様や縞文様があしらわれています。

　このとんぼ玉は、卓上バーナーを使って家庭でも手軽に作ることができます。とんぼ玉は熔かしたガラス棒を芯になる棒に巻き取って作りますが、ガラス棒から自分だけのビーズを作るということが何よりもとんぼ玉作りの醍醐味といえるでしょう。

　手間ひまかけて作ったとんぼ玉は、形はいびつでも世界にひとつしかない自分だけの作品。さらに、自分で作ったとんぼ玉をアクセサリーに仕立て、身につけるといった楽しみも。また、卓上バーナーではとんぼ玉以外にガラスのミニチュアや吹きガラスなども作ることができ、バーナーを使ったガラス作りの楽しさも広がります。そんな自分の手で作ることの楽しさ、手作りならではの魅力を味わってもらえれば……。この本にはそんな願いが込められています。

CONTENS

Try!

とんぼ玉作りの基礎知識

とんぼ玉はバーナーを使ってガラスを熔かし、それを芯になる棒(巻き取り線)に
巻き取って作ります。作業に入る前に、まずはとんぼ玉作りに必要な道具と材料、
さらにバーナーの使い方やガラスの熔かし方といった基本テクニックをここでおさえておきましょう。

■ とんぼ玉作りに必要な道具

とんぼ玉作りの第一歩は道具を揃えることから。
本書ではガスバーナー(エアバーナー)を使用してとんぼ玉を作ります。
なお、ここで紹介するひっかき棒やフラットナーといった道具類は
バーナーワーク専用のものですが、
ふだん家庭で使っているものや100円ショップなどで手に入るもので
代用することも可能です。(※道具類の購入方法についてはP94〜95参照)

❶バーナー用ブロー(送風機)
エアバーナーとセットで使用。バーナーに空気を送り込むことで、炎の温度を調節する。

❷エアバーナー
ガスバーナーにはエアバーナーと酸素バーナーがあるが、本書ではエアバーナーを使用。これを使ってガラスを熔かす。都市ガス用とLPG(プロパンガス)用がある。

❸エプロン
衣類を保護するために着用。

❹保護用メガネ
＊代用⇒色の薄いサングラス
飛び散ったガラスの破片が目に入らないよう保護する。

❺ひっかき棒
＊代用⇒千枚通し、目打ち
玉に模様をつけるときに使う。

❻ピンセット
余分なガラスを取り除いたり、細工するときなどに使う。先が細いものと太いものの2本あると便利。

❼フラットナー(トング)
＊代用⇒シュガートング
熱いガラスをはさんだり、おさえたりして形を作る。

❽シャープノーズプライヤー
＊代用⇒ピンセット
ひご棒を作るときや、余分なガラスを取り除いたりするときに使用。

❾カーボンコテ
＊代用⇒左官コテ
熔かしたガラスの形を整えるときに使う。

❿鉄板
＊代用⇒タイル
制作中のガラスをコテでつぶしたり、ポンテを作るなど、ガラスが熱いまま作業するときに使う台。

⓫クイ切り
⓬ヤスリ
ガラス棒をカットするときに使う。

⓭巻き取り線
とんぼ玉を作る際の芯として使う。これがとんぼ玉の通し穴になる。

何種類かサイズがあるが、本書ではおもに使いやすい直径3mmのものを使用。

⓮ガラス棒を置く台
熱くなったガラス棒を置くための台。専用の台もある。

⓯離型剤
とんぼ玉から巻き取り線を取り除くもの。水で溶いた離型剤をあらかじめ巻き取り線の先につけておく。

⓰徐冷剤
お菓子の空き缶などにバーミキュライトを入れたもの。出来上がった熱い状態のガラスを、割れないよう徐々に冷ますために使う。

⓱ガラスのクズ入れ
余分なガラスを取り除いたときに出るガラスのクズを入れる。ビンや空き缶に水を入れたものでOK。

⓲ビーズホールクリーナー
＊代用⇒歯間ブラシ
巻き取り線から抜いたとんぼ玉の穴をきれいにする。

■ と ん ぼ 玉 作 り の 基 本 材 料

とんぼ玉作りに必要な基本材料は、ガラス棒、巻き取り線、そして離型剤。
この3つと道具が揃えば、とんぼ玉を作ることができます。

ガラスについて

ガラスには軟質ガラスと硬質ガラスがあり、とんぼ玉
作りではガラスロッドと呼ばれる軟質のガラス棒を使
用します。軟質ガラスには鉛ガラス（クリスタルガラ
ス）とソーダガラスがありますが、本書では加工しやす
い鉛ガラスを使っています。なお、メーカーによっ
て膨張係数が異なるので、購入の際は同じメーカーの
もので揃えること。また、鉛ガラスとソーダガラスを
混ぜて使うことはできるだけ避けてください。

ガラスの切り方

A.クイ切りを使って切
断、B.切りたい部分に
ヤスリでキズをつけ、そ
の部分を折るようにカッ
トする、の2通りの方法
があります。

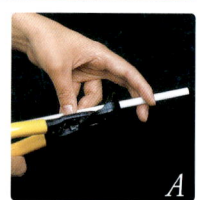
A

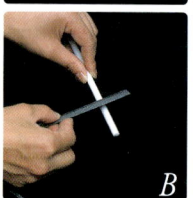
B

離型剤について

とんぼ玉は熔かしたガラスを芯になる巻き取り線に巻きつけて作りますが、
玉を直接、巻き取り線に巻きつけるとガラスがくっついて取れなくなるた
め、あらかじめ巻き取り線に離型剤をつけておく必要があります。

離型剤の作り方

1. 空きビンに離型剤を入れる。

2. 水をビンいっぱいまで入れる（練らないこ
   と）。

3. 上水を捨てる（粉が沈殿している状態）。

4. 再び水を入れ、今度は混ぜてしばらく待つ。

5. 粉が沈殿したら上水を捨てる。これを2回
   ほど繰り返す。

6. 少量ずつ水を入れて、適度なねばりにする。
   ※半日以上、寝かせると、離型効果がアップします。

離型剤の使い方

1. 毎回使う前に、離型剤の液の濃淡が均等に
   なるように練る。

2. 離型剤の入ったビンに
   巻き取り線を入れ、巻
   き取り線の先端5cmぐ
   らいのところに離型剤
   をつける。

3. 離型剤をつけた部分を
   バーナーの炎の上であ
   ため、湯気が出る程
   度に表面が乾いたら、
   火から離して自然乾燥
   させる。

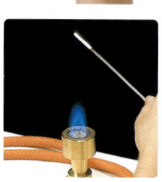

   ※とんぼ玉を作るときは、
   あらかじめ作る本数分、
   3.で作った巻き取り線を
   用意しておくとよい。

■ ガラスを熔かす

作業を始める前に……

いよいよ、バーナーを使ってガラスを熔かしてみましょう。作業を始める前に、道具類を使いやすい場所にセッティングします。このとき、紙やマッチなど燃えやすいものは作業台のまわりにおかないこと。服装は絹や化学繊維のものは避け、木綿かデニムのエプロンをつけ、さらに目を保護するために色の薄いサングラスなどをかけます。なお、作業ではガスを使うので、部屋の換気を必ずしましょう。

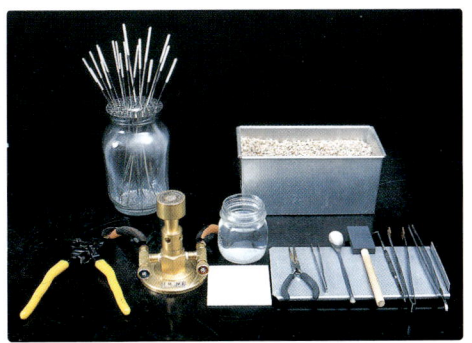

バーナーの使い方

マッチに火をつけ、バーナー本体のガスバルブを開けて点火したら、エアバルブを少しずつ開け、作業に適切な炎になるようにガスバルブとエアバルブを調節します。エアが少ないとススが出やすくなり、エアが強すぎると炎が消えてしまうことがあります。

正常な炎

ガラスの熔かし方

1. ガラス棒は急に炎の中に入れるとひびが入ったり、割れたりすることがあるので、熔かし始める前に必ず予熱をする。ガラス棒の先端部分を炎の上で回転させながら、30秒から1分ぐらいあたためる。

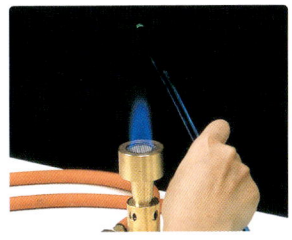

2. ガラス棒があたたまったら、先端をゆっくり炎の中に入れる。

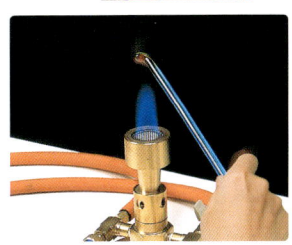

3. 次第にガラスが熔けて、先端のガラスが下にたれてくるので、ガラス棒を回転させてガラスがたれないようにする。こうして回転させることにより、熔けたガラスはきれいな丸になる。ガラス棒を熔かしているときは、つねにこのように回転させる。

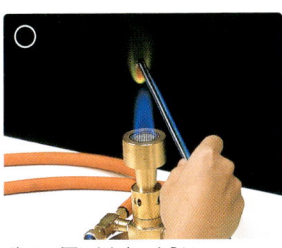

ガラスが下にたれないように
回転させながら熔かす

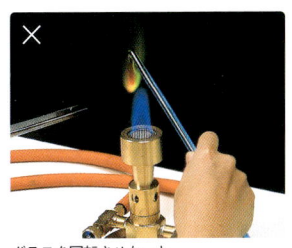

ガラスを回転させないと、
熔けたガラスが下にたれてしまう

バーナーワーク
Q&A

実際にとんぼ玉作りを始めてみたものの、慣れないうちはなかなか思うようにいかないもの。そこで、バーナーワークに関して、特に初心者の人によくみられる問題点や疑問点についてQ＆A形式でお答えします。

Q 自宅でとんぼ玉作りを始めたいのですが、道具や材料はどこで揃えたらいいのでしょうか。

A とんぼ玉作りに必要な道具と材料は、P94〜95で紹介したお店で扱っているほか、インターネット上などで通信販売もしています。また、とんぼ玉作りに最低限必要な道具とガラス棒がセットになったバーナークラフトセット（ホビーバーナー、ガスカートリッジ、巻き取り線、離型剤、ピンセット、ガラス棒）というものもあり、値段も1万円弱と手ごろで、家庭で気軽にバーナーワークが楽しめるようになっています。ただ、セットで扱っているバーナーはガスカートリッジ式のものなので、ある程度、本格的にやりたいという人は専用のバーナーを揃えたほうがよいでしょう。

Q ガラス棒を熔かしているときにガラスにススが入ってしまうのですが。

A ススが入ってしまうのは、ガスの量が多く、不完全燃焼を起こしているから。空気の量を増やすか、ガスの量を減らして、炎を調節してみてください。また、ガラス棒を熔かす炎の位置によってススが生じる場合もありますので、炎の上下、前後などにガラス棒を移動させ、ススが出ない場所をさがしてみてください。

Q 巻き取り線を火に入れたら、
離型剤がボロボロ
はがれてしまったのですが。

A 離型剤の溶き方が薄いと考えられます。マヨネーズより少しやわらかいぐらいがちょうどよいやわらかさ。もう一度、離型剤をよくかき混ぜてから巻き取り線につけ、乾燥させたものを使いましょう。また、乾ききっていない離型剤を予熱しないで火の中に入れることによっても離型剤がはがれてしまうので注意。

Q ガラス棒を炎に入れたら、
ガラスが割れて
飛び散ってしまいました。

A ガラスを急に火の中に入れると、このようなことが起こります。熔かし始める前に、ガラス棒をあたためて予熱することを忘れずに行いましょう。ゆっくり予熱することによりガラスが安全に熔け、その後の作業もスムーズにいきます。

Q ガラスを熔かしていると、
棒を持った手が
だんだん疲れてきてしまいます。
これって持ち方に
問題があるのでしょうか？

A 火をさけるあまりに、初心者の人はガラス棒のはじを持って作業しがちですが、これだとだんだん手が疲れてきてしまいますし、安定も悪いのでガラスをきれいに熔かすことができません。ガラスは熱が伝わりにくいので、棒の真ん中より少し外側を持てば大丈夫です。

Q 短くなったガラス棒の
扱い方は？

A 短くなったガラス棒は2本のガラス棒をつなげて1本にすれば使えます。2本のガラス棒の先端を熔かしてくっつけ、すぐに炎から出してガラス棒を回転させながら冷まします。このとき、つなぎ目が塊状に太くなってしまわないよう、くっつけたら両方から少しひいて、もとの太さよりやや細めにするとよいでしょう。

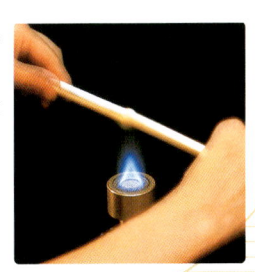

Line

とんぼ玉

Marble

Millefiori

Heart

ガラス棒を熔かす、丸める、といった

バーナーワークの基礎をマスターしたら、

次はいよいよとんぼ玉作りに挑戦！

作りに*Try!*

Transformation

とんぼ玉は離型剤をつけた巻き取り線に

熔かしたガラスを巻きつけて作りますが、

ここでは単色のとんぼ玉作りから始めて、

模様をつけたとんぼ玉まで、

初心者でも比較的

簡単に作れるものを紹介します。

PART*1*

単 色 と ん ぼ 玉

まず最初に、ベースとなる単色のとんぼ玉を作ることから始めましょう。
この単色の玉の作り方が、とんぼ玉作りの基本になります。

単色とんぼ玉
材料　：ガラス棒　黄緑Ｇ12
大きさ：直径約16mm

※材料のガラス棒の表示は佐竹ガラ
スのガラス棒色番号を表します。

単色とんぼ玉の作り方

1.　離型剤をつけた巻き取り線を炎の中
　　に入れ、離型剤の水分が飛び、オレ
　　ンジ色になるまで焼いて乾かす。

2.　ガラス棒は予熱してからバーナーの
　　青い炎の2〜3cm上で先端を熔かす。
　　このとき*1.*の巻き取り線は炎の上で
　　あたためた状態にする。

3.　ガラスの先端が熔けてきたら、巻き
　　取り線の離型剤の中心にたらすよう
　　にのせ、巻き取り線を回転させながら
　　ゆっくりとガラスを巻きつけていく。

　＊力を入れてひっぱると、ガラスが巻き取り線から
　はがれてしまうので注意。

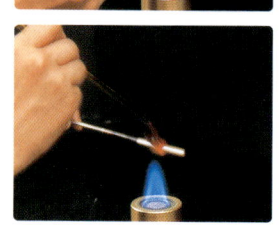

4. 作りたい大きさになったら玉をよく熱してやわらかくし、丸くなったらコテの上でやさしく転がして形を整える。

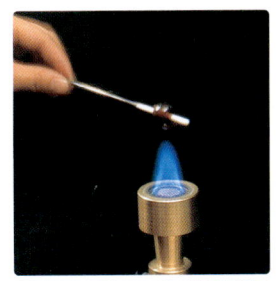

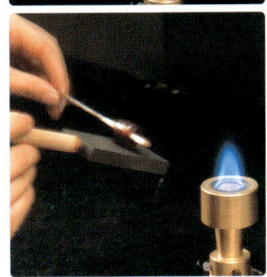

5. 再度、炎の中でとんぼ玉全体をあたため直す。
＊いきなり冷やすと玉が割れてしまうので、必ずこの作業をする。

6. 徐冷剤の中に入れ、ゆっくりとんぼ玉を徐冷する。

7. 1時間30分ほどたったら徐冷剤から取り出し、冷めた玉を巻き取り線と逆に回転させて、巻き取り線からはずす。

8. 玉の穴をビーズホールクリーナーでこすって余分な離型剤を取り除いたら、出来上がり。

Bracelet

ブレスレット

これは前ページの単色のとんぼ玉を
使って作ったブレスレット。
透明感あふれる黄緑の玉と、
紺色のスクエア形パーツ(エポキシ樹脂)との組み合わせが
モダンでさわやか。
シンプルな玉だけに、組み合わせるパーツによって
また違った顔を見せてくれます。

透明感あふれる玉と
紺色のパーツとが醸し出す
クール＆モダンな印象

Bracelet

2色&マーブル模様のとんぼ玉

「単色とんぼ玉の作り方」の手順がつかめたら、それをベースにいろいろなとんぼ玉作りに挑戦してみましょう。
ここでは2種類のガラスを用いることで、2色のとんぼ玉を作ります。
マーブル模様のほうは、ガラスを巻き取り線に巻きつける前に2色のガラスを混ぜ合わせてマーブル模様を作り、
これを巻き取り線に巻きつけていきます。

2色のとんぼ玉
・材料　：ガラス棒　ピンクS19
　　　　　　　　　　白　　A15
・大きさ：直径約16mm

マーブル模様のとんぼ玉
・材料　：ガラス棒　赤G21
　　　　　　　　　　白G23
・大きさ：直径約16mm

2色のとんぼ玉の作り方

1. 離型剤をつけた巻き取り線を炎の中に入れ、離型剤の水分が飛び、オレンジ色になるまで焼いて乾かす。

2. ガラス棒（ここでは白）を予熱し、バーナーの青い炎の2〜3cm上で先端を熔かす。巻き取り線は炎の上であたためた状態にする。

3. ガラスの先端が熔けてきたら、巻き取り線の離型剤の中心にたらすようにのせ、巻き取り線を回転させながら細めにガラスを巻きつけていく。

4. もう1色のガラス棒（ここではピンク）を予熱してから熔かし、3.に隣接して巻き取り線にガラスを巻きつけていく。

5. 2色がなじむように熔かし込み、よく熱してやわらかくなり、丸くなったら、コテを使って形をきれいに整える。

6. 再度、炎の中でとんぼ玉全体をあたため直したら、徐冷剤の中に入れて徐冷する。

マーブル模様のとんぼ玉の作り方

1. ガラス棒（ここでは赤）を予熱してから青い炎の2〜3cm上で先端を熔かす。作りたい大きさより少し多めの量を熔かすこと。

2. もうひとつのガラス棒（ここでは白）を熔かし、1.のガラスの玉に線を描く。

3. 2.をあたためた後、シャープノーズプライヤーで2〜3回折りたたみ、マーブル模様を作る。

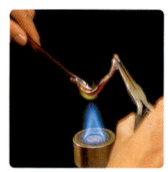

4. 3.のマーブル模様のガラス棒を熔かし、オレンジ色になるまで焼いて乾かした巻き取り線の離型剤の中心にたらすようにのせてガラスを巻き取る。

5. 作りたい大きさになったら、玉をよく熱してやわらかくし、コテの上で転がして形を整える。

6. 再度、炎の中でとんぼ玉全体をあたため直したら、徐冷剤の中に入れて徐冷する。

変 形 と ん ぼ 玉

丸いとんぼ玉も、フラットナーやコテを使えば四角い形になったり、ハート形になったり。
作業のポイントは、形を整えた後、再度、炎の中に入れる、あぶりもどしをしっかりすること。
こうすることでひび割れることなく、きれいに仕上がります。

四角
・材料：ガラス棒
　　ピンクS19

平玉
・材料：ガラス棒
　　緑S3

ハート形
・材料：ガラス棒
　　緑G9

しずく形
・材料：ガラス棒
　　青G17

四角の作り方

1. 単色とんぼ玉の作り方（P14〜15の*1.*〜*5.*）の手順に従って丸い玉を作る。

2. 火から離して、玉をフラットナーではさんで四角い形にする。

3. 再度、炎の中に入れて全体をあたためてから、徐冷剤に入れて徐冷する。

平玉の作り方

1. 単色とんぼ玉の作り方（P14〜15の*1.*〜*5.*）の手順に従って丸い玉を作る。

2. コテで玉の両サイドを軽く押して、平べったい玉になるようにする。

3. 炎から離し、コテの上で転がしながら形を整える。

4. 再度、炎の中に入れて全体をあたためてから、徐冷剤に入れて徐冷する。

ハート形の作り方

1. 単色とんぼ玉の作り方（P14〜15の*1.*〜*5.*）の手順に従って丸い玉を作る。

2. 炎から離して、フラットナーで上下をはさんでつぶして平らにする。

3. さらに、コテの上でおさえてハート形にする。途中、温度が下がらないように、時々、あたためながら作業をする。

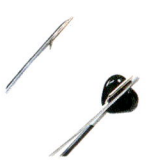

4. 最後にフラットナーで筋をつけたら、再度、炎の中に入れて全体をあたためてから、徐冷剤に入れて徐冷する。

しずく形の作り方

1. 単色とんぼ玉の作り方（P14〜15の*1.*〜*5.*）の手順に従って丸い玉を作る。

2. 炎から離し、少し角度をつけてコテをあて、巻き取り線を回転させてしずくの形にする。

3. 再度、炎の中に入れて全体をあたためてから、徐冷剤に入れて徐冷する。

2色のとんぼ玉を使って……

Earring
イヤリング

歩くたびに耳元で揺れる
大小2色のとんぼ玉。
イヤリングの金具には青銅パーツを。
鮮やかなピンクと白との組み合わせが
透かし金具のグリーンに
ほどよく溶け込んでいます。

青銅パーツのグリーンに
鮮やかなピンクが映えて
どこかエキゾチックな雰囲気に

マーブル模様のとんぼ玉を使って……

Ornamental hairpin

かんざし

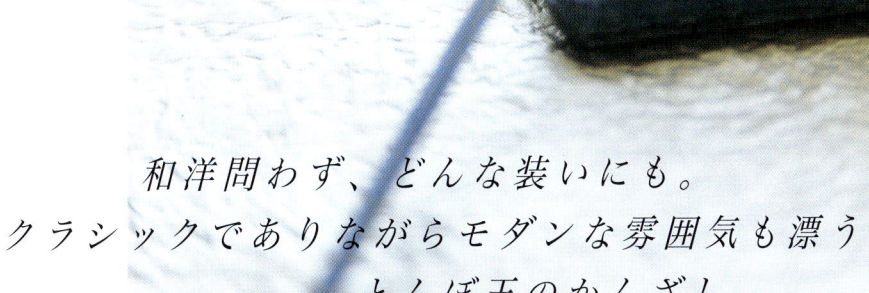

和洋問わず、どんな装いにも。
クラシックでありながらモダンな雰囲気も漂う
とんぼ玉のかんざし

マーブル模様のとんぼ玉に合わせて
同色のガラスの花のパーツを3輪、トップに飾りました。
小さな鈴もついていて、澄んだ音色を奏でます。
和のイメージが強いかんざしも
とんぼ玉次第で
こんなにもモダンな雰囲気に。
無造作にまとめたヘアスタイルにも似合いそうです。

ここからは、ベースとなる玉に細いガラス棒を使って
模様をつける方法を紹介します。
まずは模様をつけるのに必要なひご棒の作り方を覚えましょう。

ひ ご 棒

ベースの玉にさまざまな模様をつけるときに必要なのがひご棒です。
ひご棒とは、熔かしたガラスの玉をやわらかいうちにひっぱって伸ばした細いガラス棒のこと。
これを使うことで、とんぼ玉にいろいろな模様を施すことができます。

ひご棒
・材料：ガラス棒　白G23

ポンテの作り方

まず最初に、支えとして使うガラス棒、ポ
ンテを作る。透明のガラス棒の先端を熔か
し、鉄板の上で軽くつぶしておく。

ひご棒の作り方

1. ガラス棒(ここでは白を使用)を予熱
し、棒の先端に丸い玉を作る。これ
を再度やわらかくして熔けたら玉を
下向きにして、玉の先端に平たくつ
ぶしたポンテをつけてひっぱる。

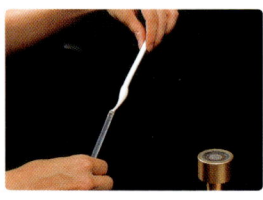

2. ガラス棒とポンテを水平に持ち、両
方を左右にひっぱる。

＊ひく早さによって太さが変わる。ガラス
がやわらかいうちにすばやくひっぱると細
くなる。

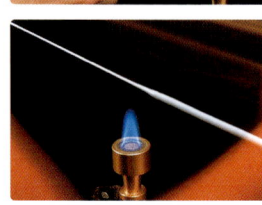

3. ひっぱって、少し固まるまで持った
ままの状態にした後、ひご棒とガラ
ス棒の境を火で焼いて切り離す。

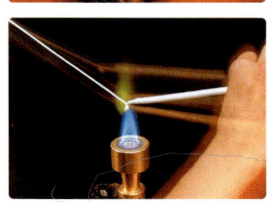

ポンテについて

ガラスをひっぱったり、伸ばしたりすると
きに、作品を支えるために使う棒をポンテ
といいます。ポンテにするガラス棒は、作
品と同じ色か、透明のガラスを使うのが鉄
則。これは作品のタネにポンテが巻き込ま
れても、同じ色や透明なら熔かし込むこと
できれいに仕上げることができるからです。

同心円模様&ハート模様のとんぼ玉

P22で作ったひご棒を使って、とんぼ玉に模様をつけてみましょう。
ベースの玉に先端を熔かしたひご棒を少量のせて全体に点を打てば、水玉模様のとんぼ玉に。
ここでは2色のひご棒を使って、とんぼ玉に同心円模様をつけます。
さらに、同心円の模様をひっかき棒でひっかいて、ハート模様のとんぼ玉を作ります。

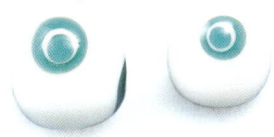

同心円模様のとんぼ玉
・材料：ガラス棒　白　G23（素地）
　　　　ひご棒　青緑G 9
　　　　ひご棒　白　G23
・大きさ：直径約16mm

ハート模様のとんぼ玉
・材料：ガラス棒　ピンクS20（素地）
　　　　ひご棒　　赤　　G21
　　　　ひご棒　　白　　G23
・大きさ：直径約16mm

同心円模様の作り方

1. 単色とんぼ玉の作り方（P14〜15の*1.*〜*5.*）の手順に従って玉を作る。

2. 作りたい大きさになったら玉をよく熱してやわらかくし、丸くなったらコテの上で転がして形をきれいに整える。

3. 青緑のひご棒を炎の中に入れて先端を熔かしたら、玉の表面にバランスを見ながら全体にいくつか点をつけ、その後コテでおさえる。

4. 白のひご棒の先端を熔かし、*3.*の中心に*3.*でつけた点よりひとまわり小さめに点を打ち、コテでおさえる。

5. さらに再度、青緑のひご棒を使って3点目をつけ、コテでおさえて3重の同心円模様をつける。

6. 全体をあたため、模様を動かさないようにコテで形を整える。

7. 再度、炎の中に入れて全体をあたためてから、徐冷剤に入れて徐冷する。

ハート模様の作り方

1. 単色とんぼ玉の作り方（P14〜15の*1.*〜*5.*）の手順に従って玉を作る。

2. 作りたい大きさになったら玉をよく熱してやわらかくし、丸くなったらコテの上で転がして形を整える。

3. 赤のひご棒を炎の中に入れて先端を熔かしたら、玉の表面に点を打ち、コテでおさえる。

4. 白のひご棒の先端を熔かし、*3.*の中心に*3.*でつけた点よりひとまわり小さめに点を打ち、コテでおさえる。

5. 赤のひご棒の先端を熔かして*4.*の中心に3点目をつけ、コテでおさえて、3重の同心円模様をつける。

6. 全体をあたため、模様を動かさないようにコテで形を整える。

7. ひっかき棒の先端を軽く熱し、同心円をひっかいてハート状にする。

＊ひっかき棒自体が熱くなりすぎると、棒の先にガラスがくっついてしまうので、軽く熱する程度にする。ガラスがついてしまったら、ひっかき棒を水の中に入れて一度さましてからガラスを取る。

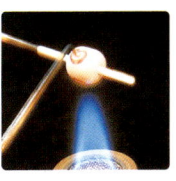

8. 全体をあたため、模様を動かさないようにコテで形を整える。

9. 再度、炎の中に入れて全体をあたためてから、徐冷剤に入れて徐冷する。

同心円模様のとんぼ玉を使って……

Netsuke
根付け

白地に青緑の同心円模様が映えるとんぼ玉は
組みひもから下げて根付けに。
チェーンの色に合わせて、
同じ色の小さな鈴もつけました。
組みひもを紺や銀などの色に変えれば
また違った雰囲気に。
バッグやおさいふ、ポーチなどに下げたり、
携帯電話のストラップとしても使えます。

同心円模様が美しいとんぼ玉を
ポーチにさりげなく吊り下げて……

ピンクのハートがキュート！
毎日使う携帯は
お気に入りのとんぼ玉と一緒に

ハート模様のとんぼ玉を使って……

Strap
携帯ストラップ

革ひもにとんぼ玉を通し、ストラップ金具をつけた
オリジナリティーあふれるとんぼ玉の携帯ストラップ。
ピンクのベースに描かれたハート模様がとってもキュート！
携帯を使うたびに、思わず微笑んでしまうかわいさです。

線流し模様のとんぼ玉

流れるラインが美しい、線流し模様のとんぼ玉。
ひご棒を使って玉に線を描き、線の部分をあたためてガラスがたれてきたら上に上げて、という動作を
繰り返すことで、流れるような線模様を作っていきます。

線流し模様のとんぼ玉
・材料 ：ガラス棒　透明　Ｇ１（素地）
　　　　　ひご棒　　緑　　Ａ３
　　　　　　　　　　ピンクＳ２２
・大きさ：直径約16mm

線流し模様のとんぼ玉の作り方

1. 透明のガラス棒を熔かし、単色とんぼ玉の作り方（Ｐ14〜15の *1.*〜*5.*）の手順に従って丸い玉を作る。

2. 作りたい大きさになったら玉をよく熱してやわらかくし、コテの上で転がして円柱形にする。

3. ひご棒（ここでは緑）の先端を熔かし、ベースの玉の表面に3本の線を等間隔にひく。

4. もう1色のひご棒（ここではピンク）の先端を熔かし、3.でひいた線の間に3本の線を等間隔にひく。

5. 描いた線とベースをなじませたら、線を目安に1箇所を炎の上で熱し、少したれてきたらすばやく上に上げる。

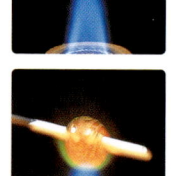

6. 5.を繰り返して、線模様に流していく。

7. 好みの流し模様になったら形を丸に戻し、コテで形を整える。

8. 炎の中でとんぼ玉全体をあたため直し、徐冷剤の中に入れて徐冷する。

線流し模様のとんぼ玉を使って……

Hair comb

髪飾り

ブロンズカラーに映える
線流し模様のとんぼ玉は
アンティークな雰囲気

ブロンズカラーのチェーンに下げた
線流し模様のとんぼ玉。
透明の玉に緑とピンクの線が入っているとんぼ玉は
見るからに涼しげ。
そんな和テイストあふれる玉と
やさしい色合いのパーツがみごとにマッチ。
アイボリーのビーズや貝がらのパーツもあしらった
アンティークな雰囲気の髪飾りです。

ツイスト模様のとんぼ玉

ひご棒からさらにステップアップして、ツイスト模様の棒を作ってみましょう。
白いベースの片面にガラス（ここでは青）を、
反対側にもう１色のガラス（ここでは水色）をのせ、しっかり熔かし合わせます。
その玉にポンテをつけて、まわしながらひっぱれば、きれいなツイスト模様が出来上がります。

ツイスト棒の作り方

ツイスト棒
- 材料：ガラス棒　白 G 23
　　　　　　　　 青 S 4
　　　　　　　　 水色 G 8
- 長さ：30cm
- 太さ：2mm

1. 白のガラス棒を予熱したら、先端を
　熔かして直径10mmぐらいの丸い玉
　を作る。

2. 玉をよく熱して形を整えたら、フラ
　ットナーで玉の上下をはさんでつぶ
　し、5mm厚の平たい丸にする。

3. 青のガラス棒を炎の上で予熱してから、*1.*で作った玉と同じぐらいの
　大きさになるまでガラス棒の先端を熔かす。このとき*2.*の白いガラス
　は炎の上であたためておく。

4. 白のガラスを炎の中に戻して少しあたため、青のガラスの玉を白のガラスの片側にのせる。

5. 水色のガラス棒を熔かして玉を作り、4.でつけた側と反対側にガラスをのせる。

6. 白い玉にのせた2色のガラスをしっかり熔かし合わせ、3色(ここでは白、青、水色)のガラスを熔かしてくっつけた玉全体をあたためる。玉がやわらかくなったら、コテの上でころがしてしずくの形を作る。

7. 先端をあたためたポンテを玉につけて左右にまわし、ひご棒を作る要領でそれぞれ逆方向にねじりながらひっぱれば、ツイスト模様の棒が完成。

ツイスト模様のとんぼ玉の作り方

ツイスト模様のとんぼ玉
・材料：ガラス棒　紫S14
ツイスト棒

1. 単色とんぼ玉の作り方(P14〜15の1.〜5.)の手順に従って玉を作る。

2. 作りたい大きさになったら玉をよく熱してやわらかくし、コテの上で転がして形をきれいに整える。

3. 2.の玉を炎の上であたためておき、同時にツイスト棒の先端を熔かして玉にのせる。

4. 玉にのせたツイスト棒をやわらかくし、ゆっくりと巻き取り線を回転させながら棒をおしつけるようにして巻き取り線に巻きつける。
＊固い状態のツイスト棒を無理におしつけると、離型剤がはがれやすくなる。

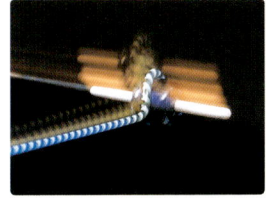

5. 好みの長さに巻けたら、ツイスト棒を炎にあてて焼き切る。

6. 全体をあたため、コテで形を整えたら、再度、炎の中でとんぼ玉全体をあたため直し、徐冷剤に入れて徐冷する。

ツイスト模様が美しい
シックなとんぼ玉が
　　着こなしのワンポイントに

ツイスト模様のとんぼ玉を使って……
Necklace
ネックレス

紫のベースに水色＆ブルーの
ツイスト模様が入ったとんぼ玉は
黒の革ひもを通して
大人っぽい雰囲気のネックレスに。
ツイスト玉のサイドは三つ編みにして
アクセントをつけました。
シンプルな着こなしに
とんぼ玉の個性が光ります。

ミルフィオーレのとんぼ玉

ミルフィオーレとは、とんぼ玉にアクセントをつける花模様のパーツのこと。
これをとんぼ玉にのせて熔かすと、パーツの切り口の模様が広がって、きれいな花模様になります。
ミルフィオーレはバーナーで作ることもできますが、
ここでは市販のパーツを使って、ミルフィオーレのとんぼ玉を作ります。

ミルフィオーレのとんぼ玉
・材料：ガラス棒　紫Ｓ14
　　　　ミルフィオーレのパーツ
・大きさ：直径約21mm

ミルフィオーレのとんぼ玉の作り方

1. 単色とんぼ玉の作り方（Ｐ14〜15の*1.*〜*5.*)の手順に従って丸い玉を作る。

2. 作りたい大きさになったら玉をよく熱してやわらかくし、丸くなったらコテの上で転がして形を整える。

3. *2.*のとんぼ玉を炎の上であたためながら、ピンセットでミルフィオーレのパーツをつかみ、炎の上で少しあたためてから玉にのせる。

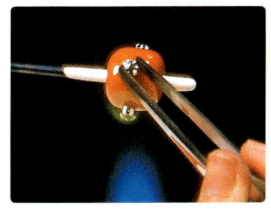

4. 巻き取り線を回転させながらパーツを順番につけていき、全部つけ終わったら火であぶり、ピンセットで模様を軽くつぶす。

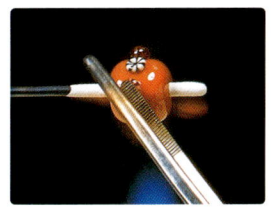

5. 炎の中でとんぼ玉全体をあたため直し、徐冷剤の中に入れて徐冷する。

ミルフィオーレのとんぼ玉を使って……

Glasses cord
グラスコード

白い花びらが浮かぶ
ミニサイズのとんぼ玉をつなげたグラスコード。
ふだん使いのメガネも
グラスコードをつけるだけで、こんなに上品に。
透明のベースにミルフィオーレをあしらったとんぼ玉と
ペールトーンのチェコビーズや天然石のトルマリンを使い、
フェミニンに仕上げました。
ロングタイプのネックレスとしても使用できます。

スウィートなやさしさあふれる
透明の玉に浮かぶ
白い花びらの小花

Glasses cord

Column.1

手 軽 に で き る
と ん ぼ 玉
ア ク セ サ リ ー

　とんぼ玉は小さな玉ですが、ひとつだけでも存在感があり、ちょっとした芸術品といった趣さえ漂います。そのまま飾っておくのもいいですが、少し手を加えるだけで、素敵なアクセサリーや雑貨に変身します。逆にいろいろ飾りをつけなくても、りっぱなアクセサリーが出来上がるのです。

　たとえば、とんぼ玉の穴にひもを通して端を結ぶだけでもアクセサリーとして楽しむことができます。留め具がいらないので、これならアクセサリー作りの経験がない人でもOK。手軽にネックレスやブレスレットを作ることができます。さらに革ひもや組みひもなどを使えば、自分好みのオリジナリティーあふれるアクセサリーにも。一方、イヤリングやピアスなら、パーツとして売っている台に丸カンや9ピンといったアクセサリー金具（P36〜37参照）を使ってとんぼ玉をつなげます。バレッタなら、接着剤で台に直接とんぼ玉を貼りつける……という手も。雑貨類も同様に、とんぼ玉をワイヤーやテグス、糸などを使って留めていけば、リースやバッグなどの飾りになります。

とんぽ玉を使った
作品アイディア

アクセサリー編

Accessories

ひとつだけでも存在感があるとんぽ玉は

アクセサリーに仕立てると、より輝きを増します。

ネックレス、ピアス、ブレスレット……

ここでは、とんぽ玉を使った個性あふれる

アクセサリーの数々を紹介します。

アクセサリーを作るときによく使われる材料と道具

この本にのっているアクセサリー作るために使用したおもな材料と道具、その使い方を紹介します。

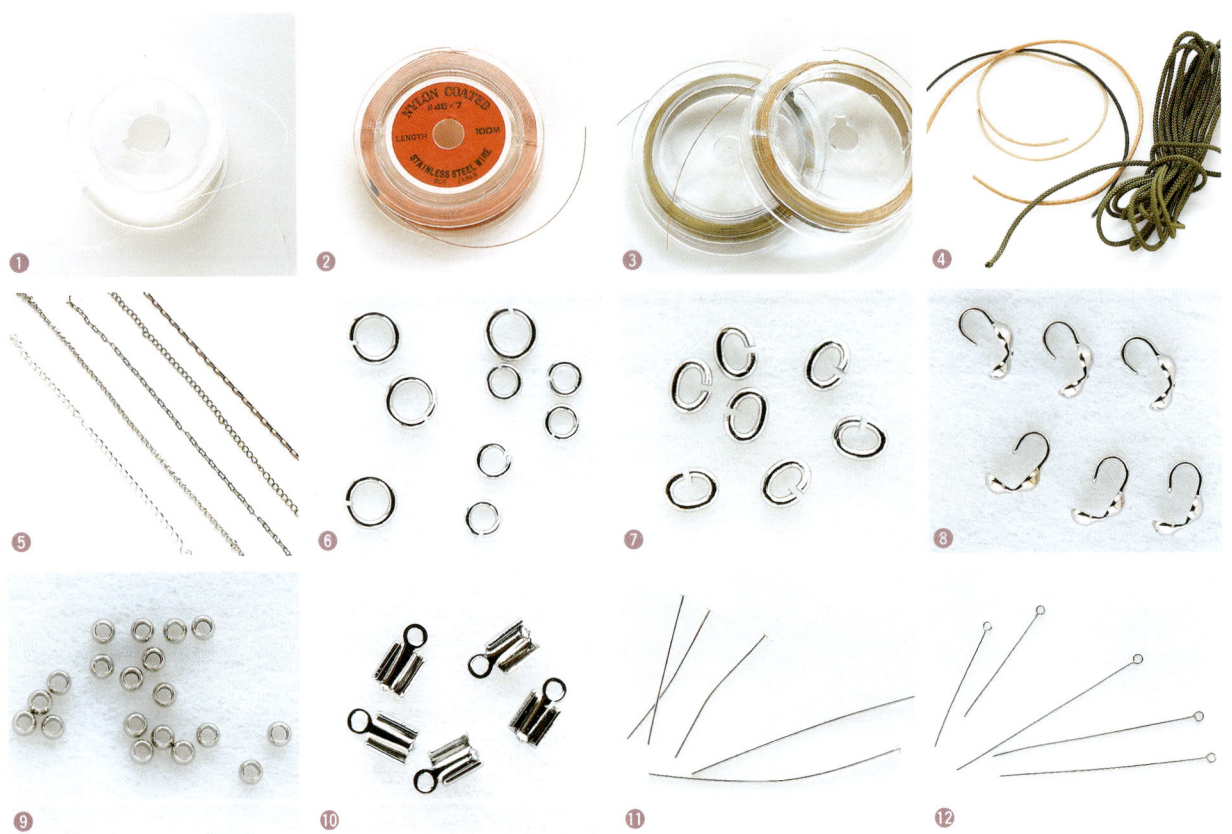

【とんぼ玉を通す】

① テグス
ナイロン製の細いひも。透明で目立たなく、適度な張りがある。

② ナイロンコードワイヤー
ワイヤーをナイロンでコーティングしたもの。しなやかな張りがあるので、ネックレスなどで美しい曲線を出したいときに便利。

③ ワイヤー
ねじったり、曲げたりが自在にでき、モチーフを編むときに使う。ステンレスや真ちゅう製などがある。

④ ひも類
麻ひもや革ひも、組みひもなど、いろいろな素材がある。

⑤ チェーン

【金具類】

⑥ 丸カン
パーツ同士をつなぐ金具。

⑦ Cカン
丸カンと同様、パーツ同士をつなぐときに使う。楕円形なので、丸カンよりも間隔をもたせたいときによく使われる。

⑧ ボールチップ
テグスやワイヤーなどに留め具をつなぐときに使う。

⑨ つぶし玉
つぶして使う、ごく小さなパーツ。とんぼ玉の位置を固定したり、糸端を処理したりするときに使う。カシメ玉ともいう。

⑩ カシメ
ひもの端をはさんでからペンチで閉めて使う。上部の穴には丸カンなどのパーツをつなぐことができる。

⑪ Tピン
とんぼ玉を通したピンの片側だけを金具やチェーンなどにつなぐときに使う。

⑫ 9ピン
とんぼ玉を通したピンの両側を別のパーツにつなげるときに使う。

⑬ 連バー
2連以上のネックレスなどを等間隔で金具とつなぎたいときに使う。

⑭ 座金
とんぼ玉にかぶせて、飾りとして使用。

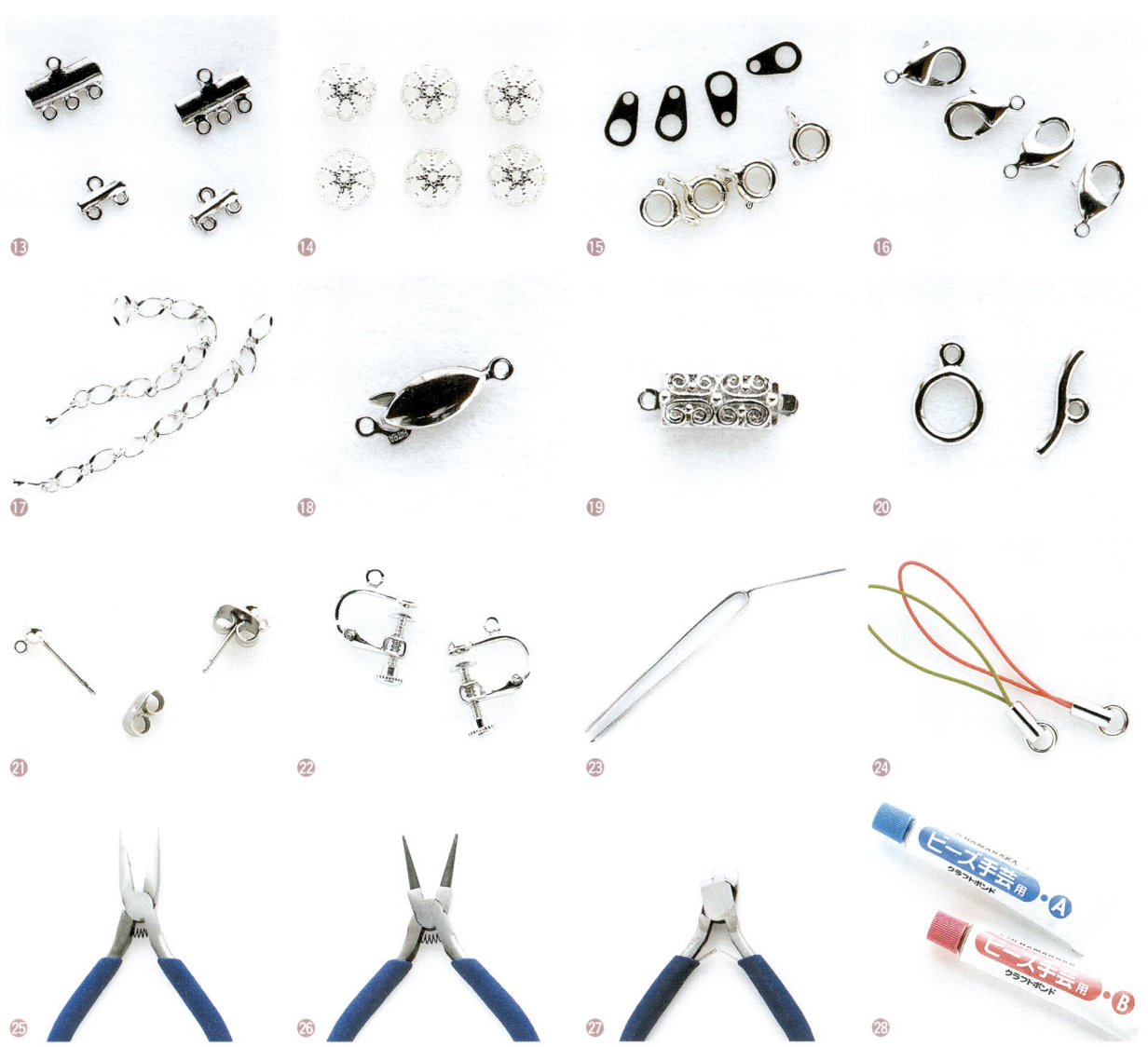

【パーツ類】

⑮ **引き輪＆板カン**
ともにネックレスなどをつなぐ留め金具で、セットで使われる。

⑯ **カニカン**
ネックレスなどの留め金具のひとつ。カニのツメに似ているので、こう呼ばれる。

⑰ **アジャスター**
ネックレスなどの長さを調節できるチェーン。

⑱・⑲ **クラスプ**
差し込み式の留め金具。

⑳ **マンテルカン・マンテル棒**
ブレスレットなどの留め金具のひとつで、マンテル棒をマンテルカンに通して使用する。

㉑ **ピアス台**
写真の後ろからおさえるキャッチ式のほか、通して下げるタイプのものなどがある。

㉒ **イヤリング台**
写真のネジバネ式のほか、バネではさむタイプのものもある。

㉓ **かんざし金具**

㉔ **携帯ストラップコード**

【道具】

㉕ **平やっとこ**
刃の先が平らになっているペンチ。つぶし玉をつぶしたり、丸カンを開いたり、閉じたりするときなどに使う。

㉖ **丸やっとこ**
刃の先が丸くなっているペンチ。ピンやワイヤーを丸めたり、金具をつかんだりするときなどに使う。

㉗ **ニッパー**
ワイヤーなど針金類をカットするときに使う。

【その他】

㉘ **手芸用ボンド**
とんぼ玉を固定したり、テグスなどの結び目がほつれないようにするのに使う。

Necklace

Accessories 5 item

アクセサリー5種

紺と白の配色が美しい、青十字の花模様が入ったとんぼ玉は
パーツ次第で洋風にも、和風にも。
端正な四角や12角のフォルムに羽やリーフパーツを組み合わせた
新しい和のかたちです。

Hair pin

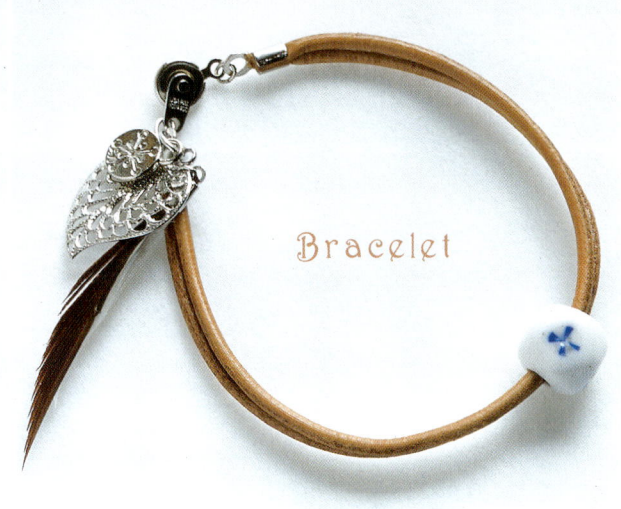

Bracelet

白地に入った
藍色模様がさわやか。
トータルコーディネートも楽しい
5種類のアクセサリー

Strap

Earring

Necklace, Bracelet, Pierced earring

ネックレス、ブレスレット、ピアス

小さな球体にこまやかな細工を施した「宙」という名のとんぼ玉。
銀箔もプラスして高級感漂うアクセサリーに仕立てました。
立体的に浮かび上がるその姿は魅惑的でかつ神秘的。
ネックレスとブレスレットには組みひもを使い、落ち着きをもたせています。

研ぎ澄まされた
　青の小宇宙に広がる
　あたたかな花の色

Necklace, Bracelet, Pierced earring

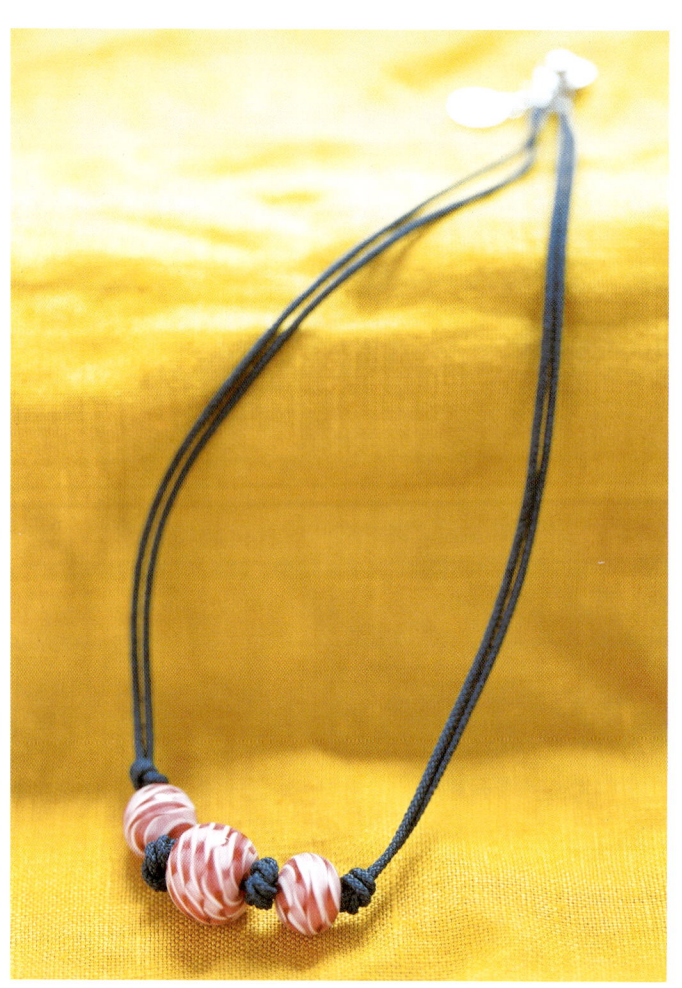

Necklace,
Pierced earring
ネックレス＆ピアス

白、サーモンピンク、ローズピンク……
やさしい色合いのツイスト模様が入ったとんぼ玉。
ネックレスには組みひもをつけて、ちょっと和風に、
ピアスにはローズピンクのガラスビーズをあしらいました。
白地にピンクが際立つモダンなジャパニーズデザインです。

Pink×Pinkの
　　ツイスト模様が
とびっきりキュート！

Necklace, Pierced earring

Necklace

ネックレス

トップの水中花と呼ばれるとんぼ玉の美しさもさることながら、
3連ネックレスに使われているミニサイズのとんぼ玉もかわいい。
ピンクの単色ビーズと黒のチェコビーズの組み合わせも美しく、
トップのとんぼ玉をよりひきたてています。

3連ラインに使われた
　　単色ビーズ＆チェコビーズが
トップを華やかにひきたてて……

ツイストで描いた
連続したラインの強調が美しい
「螺旋」という名のとんぼ玉

Ornamental hairpin

かんざし

やわらかな桃色と桜色のツイスト模様が織りなす連続したラインが美しいとんぼ玉。
アジアンノットのかんざし下がりをつけたら、ぐんと華やかな雰囲気になりました。
組みひもについているブルーの小鳥もバーナーで手作りしたものです。

幾千年もの年月を重ねた
古代柄をイメージ

Pendant
ペンダント

羽模様がついた、古代柄のとんぼ玉のペンダント。
一見、とんぼ玉ではないように見えますが、
ひっかき棒を使って模様をつけたりと、
とんぼ玉作りのテクニックを駆使しているというから驚き。
ペンダントという小さなプレートに
ガラスが作り出す魅惑の世界が広がります。

とんぼ玉を使った
作品アイディア

雑貨編

Miscellaneous goods

アクセサリーの印象が強いとんぼ玉も、

グッズやインテリア雑貨に仕立てれば、

また違ったかわいさが。

ここでは市販のとんぼ玉も使って、

手軽に作れる雑貨アイテムを紹介します。

Incense stand

お 香 立 て

とんぼ玉の穴を利用したお香立て。
モダンなチャイニーズテイストの柄は
同心円模様の技法を用いて描いたもの。
小さいながらも存在感があり、
かすかに広がるお香の香りとともに
エキゾチックな空気を伝えます。

同心円模様で描かれた
中国風お香立てが
とってもエキゾチック

インテリアの一部として
取り入れたい
とんぼ玉つきタッセル

Curtain tassel

カーテンタッセル

毎日のように使っているカーテンタッセルにとんぼ玉の飾りをつけてみました。
とんぼ玉の表面に浮き上がるのは、ひご棒で描いた草花。
シンプルなカーテンが華やかに見えます。

Gift ribbon

ギフトリボン

水中花の技法で作ったとんぼ玉を
オレンジのアジアンコードと合わせて
ギフト用のリボンに仕立てました。
ひもの長さは自由に調節できるので
ギフトの大きさに合わせて、ひもを締めたり、ゆるめたり。
シンプルな花びんやボトルの飾りにも使えます。

使い方は自由自在
とんぼ玉がポイントの
ギフト用リボン

Gift ribbon

Bookmark

しおり

小さなステッキのような形をしたシルバーのしおりの金具。
カーブになっている部分を本の背にひっかけて使います。
トップから下がるチェーンにはとんぼ玉が3つ。
薄い緑の点模様をひっかき、
その上に赤いミルフィオーレをつけました。
電車の中で読もうと思っている本にこれをはさめば、
注目されること、請け合いです。

お気に入りの本の
　背でゆれるのは
赤い花びら模様のとんぼ玉

Bookmark

Chopstick rest

箸置き

黄色、黄緑、ピンク……
遊び心いっぱいのポップな箸置き

熔かしたガラスをコテではさんで
ポップな箸置きを作りました。
ガラス同士を自由にくっつけて形を作るのは
とんぼ玉作りとはまた違った面白さがあります。

渦巻き模様の
ガラスのナプキンリングが
テーブルを和風モダンに演出

Napkin ring
ナプキンリング

巻き取り線のまわりに2色のひご棒を巻きつけていったら、
渦巻き模様ができました。
シンプルな黒の革ひもと合わせて
和でありながらモダンなナプキンリングに。

Swizzle stick

マドラー

透明のガラス棒の先端を熔かして丸め、
そこにひご棒を使って模様を入れたガラスのマドラー。
ここでは鉛ガラスではなく、
ソーダガラスを使っています。
ソーダガラスにしかない鮮やかな赤やオレンジ色が
透明な玉の中で輝きを放っています。

透明な玉の中に浮かぶ
　鮮やかな赤やオレンジが
光を受けてひときわ輝く

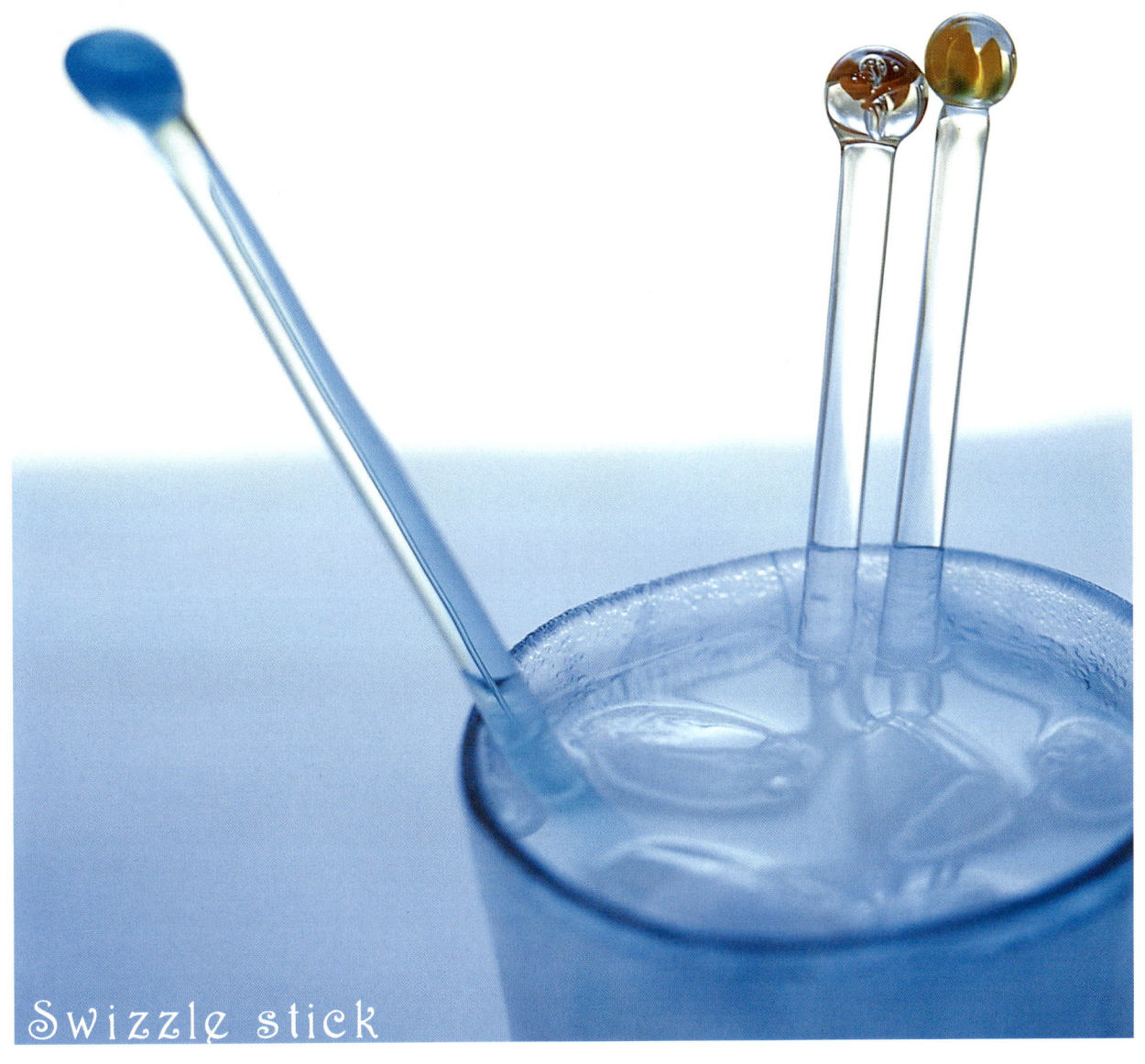

Swizzle stick

Wind bell

風 鈴

大小のとんぼ玉にテグスを通して何本かの房にし、
それをワイヤーで吊るした、とんぼ玉の風鈴。
インドビーズもプラスして
オリエンタルな雰囲気に仕上げました。
風が通り抜けると、
真ん中に吊るした金属のパイプととんぼ玉がぶつかって、
軽やかな、やさしい音色を奏でます。
暑さ厳しい夏に、心地よい涼を届けてくれます。

涼を運んでくれる
見た目も涼しげな
とんぼ玉の風鈴

Wind bell

つば広帽に
とんぼ玉をちりばめた
ワタシオリジナルの帽子

Hat

帽子

よくあるつば広の帽子も、とんぼ玉をあしらえば
オリジナリティーあふれる、涼しげな帽子に変身！
作り方はとってもカンタン。
ブルー系のとんぼ玉とビーズを刺しゅう糸で縫い込んだだけ。
そんなほんの少しの工夫で、帽子に違った表情が表れて……。
これは夏向きの帽子ですが、
冬には毛糸の帽子に暖色系のとんぼ玉を縫い込んでみても。

もこもこ毛糸のポシェットに
ピンクのとんぼ玉が
温かみを添えて……

Bag
ポシェット

冬のおでかけにぴったりの毛糸のポシェットに
やさしい色合いのとんぼ玉をあしらいました。
やや小さめのとんぼ玉は
ビーズショップで手に入れた市販のもの。
ベースのピンクに、うっすらと濃いピンクのラインが入っていて、
これを白いほわほわの毛糸でバッグに編み込んでいきます。
パープルの毛糸のバッグに
やや紫がかったサーモンピンクの玉を合わせることで
あくまでも大人っぽく。

Christmas wreath

クリスマスリース

つる素材のリースのまわりにカラフルなとんぼ玉をアットランダムにちりばめて。
一つひとつのとんぼ玉はテグスでつるに結びつけてあります。
とんぼ玉だけでなく、短くカットしたガラス棒も一緒に飾ったのはちょっとした遊び心。
さらに、大きめのリボンと天使のオーナメントでクリスマス気分をいっそう盛り上げて。

遊び心いっぱいのとんぼ玉を
リースの上で踊らせて……

しめ縄のまわりを彩るのは
ほのぼのとした雰囲気の
とんぼ玉

Straw festoon

お正月用リース

リースはリースでもお正月に飾るリースは
純和風にしっとりと。
稲穂がついたしめ縄のリースに
和テイストのとんぼ玉をワイヤーで留め、
ワイヤーの部分は見えないよう
まわりを和紙で覆いました。
とんぼ玉がもつ素朴なかわいさが際立っています。

とんぼ玉の穴を利用した
　　お手軽、カンタン
キャンドルスタンド

Candle stand

キャンドルスタンド

とんぼ玉の穴にバースデーケーキ用の細いろうそくを立てて
ガラスの器にボンドではりつけただけのオブジェ風キャンドルスタンド。
透明なガラスを通して見る色とりどりのとんぼ玉がきれい。
キャンドルに灯がともれば、ますますロマンチックに。

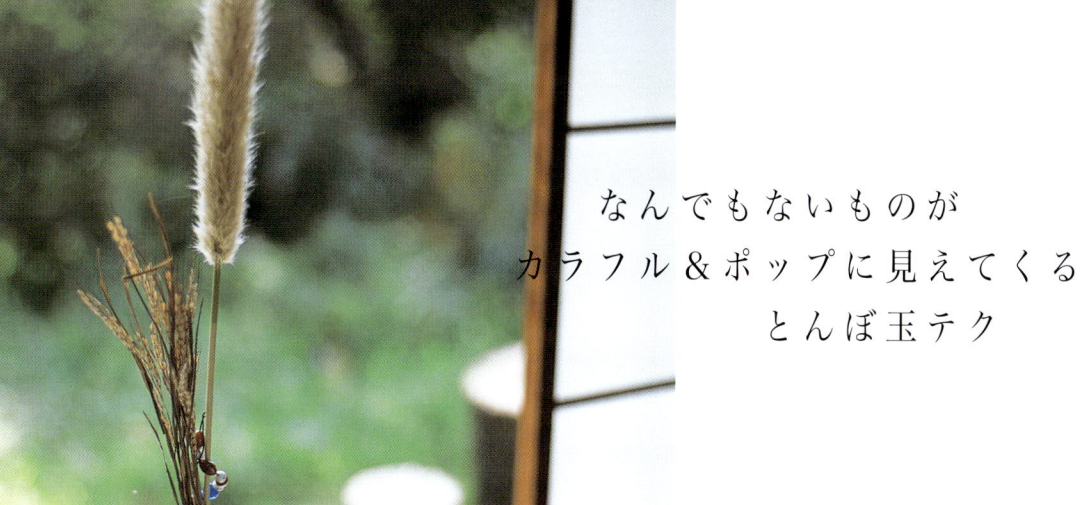

なんでもないものが
カラフル＆ポップに見えてくる
とんぼ玉テク

With plants

植物との
コラボレーション

たとえば、花びんにいけた植物に
とんぼ玉をからませてみる。
たとえば、植木鉢の植物の枝に
とんぼ玉をさしてみる。
なんでもないことなのに
とんぼ玉のカラフルな色のマジックで
ポップで楽しげに見えてくるから不思議……。

Column.2

とんぼ玉の話

　とんぼ玉とは、一般に装飾が施されたガラス製の穴のあいた丸い玉のことといわれていますが、現在ではもっと広く、穴のあいた単色の玉も含めたすべてのガラス玉のことをとんぼ玉と呼んでいます。その歴史は古く、約3500年も前から古代メソポタミアやエジプトで、装飾品として作られていました。紀元前4〜5世紀には水玉や同心円の文様もつけられるようになり、ローマ時代には精巧なモザイク玉や人面玉など手の込んだものが多く見られるようになります。

　日本でも古墳時代の副葬品にすでにとんぼ玉のルーツを見ることができます。このとんぼ玉というのは日本独自の呼び方で、漢字では「蜻蛉玉」と書きます。その形がとんぼの目に似ているところからとんぼ玉と呼ばれるようになったといわれ、江戸の中期ごろからこの名称が使われていたことが書物にも著されています。外国ではグラスビーズと呼ばれ、とんぼ玉は今なお世界各国で作られています。

バーナーで作る
ミニチュア

バーナーを使えば、とんぼ玉以外にも

いろいろな作品を作ることができます。

ガラスのミニチュアもそのひとつ。

とんぼ玉作りで身につけたガラスの熔かし方や

ガラス同士を熔かしてくっつける

熔着のテクニックを使って、

ガラスのミニチュアを作ってみましょう。

PART2

葉 っ ぱ

とんぼ玉は巻き取り線に熔かしたガラスを巻きつけて作りましたが、
ミニチュアでは熔かしたガラスをもとに形を作っていきます。
まずは、熔かして丸める、フラットナーやピンセットを使って形を作る、といった
基本テクニックが盛り込まれた葉っぱの作り方から始めましょう。
ここでは葉っぱのオーナメントを作りますが、小さめに作ればペンダントトップに、
葉っぱと反対側のガラス棒の先を丸めればマドラーになります。

葉っぱのオーナメント
・材料：ガラス棒　青緑G9

葉っぱの作り方

1. ガラス棒は予熱してから炎の中に入れて先端を熔かし、ガラス棒を回
転させながら丸い玉にする。

2. 丸めた玉を鉄板の上に置き、コテで
すばやくつぶす。

3. つぶしてペロペロキャンディーのよ
うな形になった2.を炎の中に入れて
やわらかくしたら、鉄板の上に置き、
ヤスリを使って真ん中に縦の筋を入
れる。

4. 再度、炎の中に入れ、縦の筋をつけた片面だけをやわらかくしてから鉄板の上に置き、中心線の右半分に3本線を入れる。

5. *4.*を炎の中に入れてやわらかくし、同じように今度は左半分に3本線を入れる。

6. 葉に筋が入ったら、もう一度炎の中に入れて全体を焼いてやわらかくし、ピンセットで先端をつかんでひっぱる。それを炎で焼き切れば、葉っぱの形の出来上がり。

7. オーナメントにするには、葉っぱの茎の部分を炎で焼いて斜め上にひっぱり、やわらかいうちにピンセットですばやく丸めてフックを作る。これを徐冷剤に入れて徐冷すれば完成。

クリスマスツリーを彩る
　色鮮やかな葉っぱたち

ガラスのツリーに色とりどりの葉っぱのオーナメントを吊り下げて。まるで氷の造形のようなツリー自体、枝と枝との熔着を繰り返しながら作り上げたもの。葉っぱのオーナメントとともに、透明感あふれるファンタジックな世界が広がります。

り ん ご

ミニチュア作りの入門編ともいうべき、ガラスのりんごを作ります。
ガラス棒で丸い玉を作り、そこに葉っぱをつけたら、かわいいミニりんごの出来上がり。
シンプルながら、ガラスの美しさが際立つ一品です。

りんごのミニチュア
・材料：ガラス棒　黄緑Ｓ３
　　　　　　　　　　青緑Ｇ９

りんごのミニチュアの作り方

1. 黄緑のガラス棒を予熱したら炎の中に入れて先端を熔かし、ガラス棒を回転させながら丸い玉を作る。

2. 玉の上の部分にピンセットの両先をあてて軽くおして、くぼみを作る。

3. 青緑のガラス棒の先端を熔かしたものを、2.で作った穴の脇にガラスを熔着してひっぱり、炎で焼き切る。これがりんごの葉っぱになる。

4. 完成したりんごを熱してあたためたフラットナーでつかみ、ガラス棒と玉の境目を炎で焼いてひっぱり、ガラスを焼き切る。

　＊冷たいままのフラットナーで完成品にふれるとガラスが割れてしまうので、再び火の中に入れない完成品をつかむときは、必ず熱してあたためたフラットナーを使うこと。

5. 4.で焼き切ったりんごの底の部分をあたためてやわらかくしたら、コテの上で軽くおして平らにする。これを徐冷剤に入れて徐冷する。

雪 だ る ま

白い玉2つを合体させて胴体を作り、帽子をのせた雪だるま。
目とボタンの細かい部分は黒のひご棒を使って描きました。
いくつか作って窓辺に並べれば、クリスマスにふさわしい、キュートなオーナメントに。

雪だるまのミニチュア
・材料：ガラス棒　　白 G 23
　　　　　　　　　　黄緑 G 30
　　　　ひご棒　　　黒 G 22

雪だるまのミニチュアの作り方

1. 白のガラス棒を予熱したら炎の中に入れて先端を熔かし、ガラス棒を回転
させながら丸い玉を作る。

2. *1.*のガラス棒の玉の部分を炎の上であたためながら、もう1本の白いガラ
ス棒の先端を熔かし、同じように白い玉を作る。

3. 2つの玉同士をくっつけて雪だるま
の形を作り、片方のガラス棒の玉の
つけ根を炎で焼き切る。

4. 先端を熔かした黒のひご棒を使って、雪だるまに目とボタンをつける。

5. 黄緑のガラス棒の先端を熔かし、雪
だるまの頭になる部分にガラスを熔
着して帽子をつける。

6. 完成した雪だるまを熱したフラットナーでつかみ、ガラス棒と玉の境目を炎で
焼いてひっぱり、ガラスを焼き切る。

7. 完成した雪だるまの底の部分をあたためてやわらかくし、コテの上で軽く
おして平らにする。これを徐冷剤に入れて徐冷する。

犬 の マ ド ラ ー

ミニチュアは本体に次々とガラスを熔着して作っていきますが、
初心者にとって動物のミニチュアは、手足部分を作るのが難関のひとつ。
そこで、動物の顔の部分だけ作って、マドラーの飾りにしました。

犬のマドラー

・材料：ガラス棒	白 G 23
	紫 S 1
	紺 A 22
ひご棒	黒 G 22

犬のマドラーの作り方

1. 白のガラス棒を予熱したら炎の中に入れて先端を熔かし、ガラス棒を回転させながら丸い玉を作る。

2. 白のガラス棒を炎の上であたためながら、紫のガラス棒の先端を熔かす。

3. 白のガラス棒の玉を紫のガラス棒の先にくっつけ、玉のつけ根を炎で焼き切る。

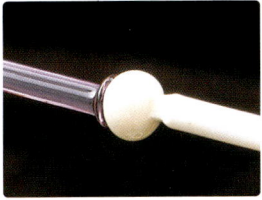

4. 3.で熔着した白い玉に、新たに白いガラス棒を熔着して斜め上にひっぱり、犬の顔を作る。

5. 紺色のガラス棒を熔かし、白い玉の両サイドにそれぞれくっつけ、ピンセットではさんでつぶし、カーブをつけて犬の耳を作る。さらに4.で作った顔の部分の先にひご棒で点をつけ、犬の鼻を作る。

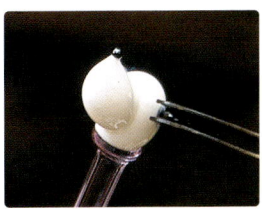

6. 紫のガラス棒の先にマドラーの玉をつける。白のガラス棒を熔かして丸い玉にし、紫のガラス棒に熔着したら、玉のつけ根を炎で焼き切り丸めたら完成。これを徐冷剤に入れて徐冷する。

馬のマドラー

顔、首、たてがみの、3つのパーツで構成された馬の顔のマドラー。
ふさふさとしたたてがみはガラスが熱いうちにピンセットではさんで模様をつけたもの。
飴細工を作るような楽しさが味わえます。

馬のマドラー
・材料：ガラス棒　黄緑S3
　　　　　　　　　青S5
　　　　　　　　　緑G9

馬のマドラーの作り方

1. 黄緑のガラス棒を予熱したら、炎の中に入れて先端を熔かす。

2. 1.のガラス棒を炎の上であたためながら、青のガラス棒を炎の中に入れて先端を熔かし、棒を回転させながら丸い玉を作る。

3. 2.で作った丸い玉を下向きにして熔かし円錐形にしたら、黄緑のガラス棒の先に熔着し、斜め上にひっぱって馬の首部分を作る。

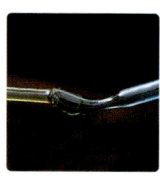

4. 完成した首の部分にやわらかくした黄緑のガラスをのせる。

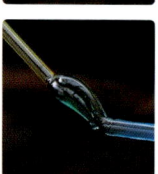

5. のせたガラスの部分だけを炎で焼き、やわらかくなったらピンセットでつぶす。これが馬のたてがみになる。

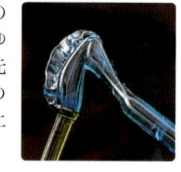

6. 首の部分の上部に青のガラス棒を熔着してゆっくりひっぱり、鼻先を焼き切って炎で丸めたら、馬の顔の出来上がり。

7. 黄緑のガラス棒の先にマドラーの玉をつける。緑のガラス棒を熔かして丸い玉にし、黄緑のガラス棒の先に熔着したら、玉のつけ根を炎で焼き切る。できた玉はフラットナーではさんで四角い形にする。これを徐冷剤に入れて徐冷する。

" 絆 "

今の自分があるのは、いろいろな人たちとの関わりがあったからこそ。そして、これからも多くの人たちとの出会いが
自分を支えてくれるであろう。そんな人と人との絆をガラスに込めて……。

"Mr.ケンタのオーケストラ"

バイオリンにトランペット、フルートにトロンボーン……。
それぞれの楽器を真剣な表情で演奏するオーケストラの楽団員たち。
今にも楽しげな演奏が聞こえてきそうな、森の中の野外音楽会。

"夏休みの絵日記"

朝から日が暮れるまで、野山を駆け回り、川で魚釣りを楽しみ、海で泳ぎ……。
毎日がパラダイスだった少年時代の夏休み。
セミの声を聞けば、大人になった今でも、あの夏の日が鮮やかに蘇ってくるよう。

Column.3

ガラスの歴史

　ガラスは今から約5000年前、メソポタミアで誕生したといわれています。紀元前1500年ごろになると、粘土で型を作り、外側に熔かしたガラスを巻きつける方法でガラス器が作られるようになりました。ローマ帝国時代に入ると、吹きガラスの技法が発明され、さまざまな形のガラス器が数多く作られるようになります。その後、ガラス製造は西欧諸国に広がり、それぞれに発展していきました。

　日本では弥生時代の遺跡から、まが玉といったガラス製の玉が多数発見されていて、これが日本最古のガラスといわれています。16世紀には長崎にポルトガルやオランダのさまざまなガラス製品が輸入され、「びいどろ」「ギヤマン」と呼ばれ、大いに珍重されました。さらに西欧のガラス技術も伝えられ、このころから日本でもさかんにガラスが作られるようになります。江戸時代には、江戸切子や薩摩切子といった、日本特有のカットガラスも誕生しました。明治時代に入ると、政府による官営工場の品川硝子製造所が開設され、その後、硝子メーカーが次々と誕生、現在に至っています。

佐竹ガラスの世界

大阪・和泉市にある佐竹ガラス。

ここは、とんぼ玉の材料である色ガラス棒を

日本で唯一、生産している工場です。

昭和2年の開業以来、

今日も熔解炉のるつぼの炎を絶やさず、

ガラス作りを続けています。

PART 3

佐竹ガラス
History

　天文18年（1549年）、鹿児島に来航したポルトガル
の宣教師フランシスコ・ザビエルによって西欧ガラス
の製品が日本にもたらされ、その後、伝来したガラス
の技法は大阪にも伝わり、堺や玉造で鏡やガラス玉の
製造がさかんに行われるようになりました。

　明治に入り、和泉の地の産業にと技術者を招き入れ、
ガラス玉を作るようになったのがこの地でのガラス産
業のはじまりです。おりしも煙草入れの装飾用ガラス
玉や模造宝石、ガラス玉つきのマチ針などが大量に作
られるようになり、色ガラス棒の需要が急激に高まっ
たこともあって、この地域の産業として定着するよう
になったのです。当時、工芸ガラスの材料であった色
ガラス棒の生地の生産には苦心を要するものが多かっ
たのですが、研究の末、明治から大正時代にかけて大
阪や堺で数多く生産されるようになりました。

　そんな時代の中で、昭和2年（1927年）、佐竹硝子製
造所が色ガラス棒生産の工場として和泉に設立されま
した。この時期、たくさんの工場が設立されましたが、
戦争のさなか、廃業を余儀なくされたところも少なく
ありませんでした。しかし、佐竹硝子製造所は戦中、
戦後とガラスの生産を続け、今では日本で唯一の工芸
用色ガラス棒生産工場として現在に至っています。

ガラスの
材料について

　ガラスの主成分は珪砂という白い砂で、これをドロドロに熔かしてガラスを作ります。ただ、この珪砂を熔かすにはよほどの高温にしないガラス状にならないので、熔けやすくするためにソーダ灰（酸化ナトリウム）を加え、さらに固まりやすくするために石灰（酸化カルシウム）が加えられます。この「珪砂」「ソーダ灰」「石灰」の３つが、一般によく使われるガラスの３大原料といわれています。

　ガラスの種類によっては、このほかにもいろいろな材料が使われています。たとえば、本書でおもに使用している鉛ガラス（クリスタルガラス）には25％の鉛が含まれています。また、窓ガラスやびんなどに使われるソーダガラスと呼ばれるガラスには、石灰が多く入っています。

　ガラスの色を出すためには、このガラス原料に金やコバルトなどの金属を熔かし込みます。わずかな量で色合いが微妙に変わるので、安定した色を出し続けるためにはかなりの神経を使います。工場では現在、130〜140色の色ガラスを製造しています。

ガラス棒が
できるまで

1. 調合

ガラスの原材料を正確に計り、ミキサーでむらがなくなるまで混ぜて、熔解のためのガラスの材料を作ります。

2. 熔解

ガラスの材料をスコップで熔解炉のるつぼに入れ、12〜15時間かけて全体が1300℃になるまでゆっくり熔解します。こうすることで気泡がとれ、むらのないガラスができます。

3. 巻取り

ボウトウと呼ばれる長い鉄の棒で、るつぼの中の熔けたガラスを巻きつけながら大きくします。ある程度の大きさになったところで、リンと呼ばれる鉄のボウルで形を整え、もう一度、熔解炉のガラスを巻き取りながら、より大きな塊になるように巻きつけていきます。

熔解炉の中の、るつぼ（坩堝）と呼ばれる耐火粘土製のつぼに細かく砕いたガラスの原料を入れ、つぼの周囲から加熱して熔解します。

4. 棒引き

レンと呼ばれる耐火煉瓦と耐火材
でできたレールの上に、巻き取っ
たガラスを同じ太さでまっすぐに
引き流していきます。

巻き取ったガラスは、温度の変化
でみるみるうちに固まってしまう
ので、すばやくレンの上に引き流
していきます。レンの脇では、ガ
ラスを切断する人がそれを待ち構
えています。

5. 切断

レンに引き流されたガラスは、温
度が下がることでオレンジ色から
ガラス本来の透明な輝きのある色
合いになって浮かび上がってきま
す。それをレンの横でヤットコを
使って同じ長さに切断すれば、ガ
ラス棒が出来上がります。

Glass Art Gallery

ガラス工芸ギャラリー

とんぼ玉
故 飯降喜三雄

とんぼ玉
藤村真澄

とんぼ玉
故 飯降喜三朗

網目ガラス
『孔雀』
故 詰石信夫

網目ガラス
『宝船』
故 奥村久男

流工房のご案内

流工房
PRODUCED BY
SATAKE GLASS

〒594-0005
大阪府和泉市幸2-11-30
TEL.0725-41-0146
FAX.0725-45-7321
E-mail:office@satake-glass.com

佐竹ガラスでは、敷地内に作品を展示するギャラリー
を兼ねたガラス工房「流工房」を併設していて、気軽
に立ち寄ることができます。工房ではバーナーワーク
の教室を開催しています。

開講日：第2・第4土曜
時間　：10:00〜12:00、13:00〜15:00、15:00〜17:00
入会金：なし
受講料：一期（3ヵ月）分 15,000円
材料費：実費

※受付は随時行います。
※見学可。電話にて事前にお問い合わせください。

SHOP & WORKSHOP LIST

とんぼ玉教室案内

グラス スタジオ T2

長野県安曇野市穂高有明 3072-6
TEL.0263-83-7140
E-mail：glass-t2@jasmine.ocn.ne.jp
http://www3.ocn.ne.jp/~glass-t2/

本書ではPART2「バーナーで作るミニチュア」のページを担当。「TVチャンピオン ガラスアート王選手権」で2年連続チャンピオンに輝き、NHKTV「趣味悠々」で講師を務めるなど多方面で活躍中のガラス工芸作家、山本達也さんの工房（吹きガラス作家原田哲治氏と共同設立）。豊かな自然に囲まれた信州・安曇野にある工房では、バーナーワークのほか、吹きガラスの体験もできる（要予約）。

[佐竹ガラス直営店]

Glass Land 東京店

千葉県浦安市舞浜1-4
イクスピアリ2F
ミュージアム・レーン
TEL.047-305-5840
営業時間 11:00～21:00、
土日祝10:00～21:00
無休

東京ディズニーランドに隣接するショッピング街、イクスピアリにあるショップ。ガラス工芸の材料や道具のほか、アクセサリーや小物などのガラス工芸品を展示販売。毎週火、木、土、日曜にはバーナーワークの体験会を実施。

Beads shop J4

東京都台東区浅草橋1-21-6
宝山ビル1F （2008年1月移転予定）
TEL.03-5821-7553
営業時間10:00～18:00
日、祝休
http://www.j4-parts.com/
※ほかに大阪店、京都店あり。

東京・浅草橋にあるビーズショップ。数あるビーズ類のなかでも、和調シリーズのチェコビーズやスワロフスキーが充実している。ほかに古美色の金具類やチェーンなど、個性あふれるパーツの種類も豊富。本書で使用したアクセサリーパーツのほとんどはここで手に入る。店の一角にはバーナーワークの試作工房があり、ガラス棒などバーナーワークに必要な材料や道具が揃う。

AVI

http://avinet.ld.infoseek.co.jp/
上記で紹介したBeads shop J4などでバーナーワークの講師をしているグラスデザイナー三宅雅美さんのサイト。本書ではアクセサリーと雑貨（PART1、P58～65除く）の制作を担当。

Glass Land 福岡店

福岡県福岡市中央区地行浜2-2-1
ホークスタウンモール2F
TEL.092-844-7930
営業時間11:00～21:00
（季節により延長）
無休

福岡ドームに隣接するショッピングエリア、ホークスタウンモールの2階にある。とんぼ玉やマドラーが作れるバーナーワーク体験教室を毎日（13:00～18:00）開催。要電話予約。

バーナーワークで使う
道具の入手先について

本書で紹介したバーナーワークで使う道具は佐竹ガラスで扱っています。
通信販売をしているので、購入の際は
佐竹ガラスのホームページに掲載されている注文書を出力し、
必要事項を記入のうえ、ＦＡＸか郵便にてお申し込みください。

※価格は2006年10月現在

佐竹ガラス
〒594-0005
大阪府和泉市幸2-11-30
TEL.0725-41-0146
FAX.0725-45-7321
E-mail:office@satake-glass.com
http://www.satake-glass.com/

バーナー「職家」
ブローつき　　￥61,950
バーナーのみ　￥34,650
＊発注時に都市ガス用かＬＰＧ
（プロパン）用かを指定

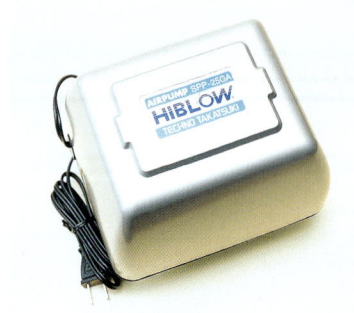

バーナー用ブロー（送風機）
￥27,300

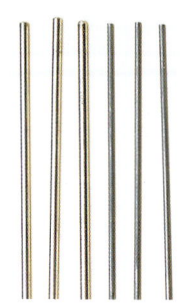

巻き取り線
3mm（10本入り）￥788
＊3mm以外にも何種類かサイズあ
り。とんぼ玉の大きさによって選ん
でください。

カーボンコテ
￥5,250

ビーズホールクリーナー
（6本セット）　￥1,470

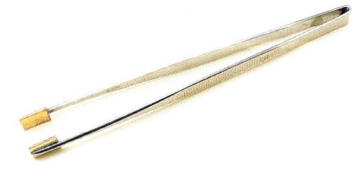

ミニフラットナー
￥4,410

クイ切り
￥2,940

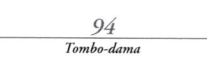

ピンセット曲がり
￥315

ピンセットフラット小
￥210

ひっかき棒
¥1,575

離型剤
混合200ｇ入り　¥210

バーミキュライト
¥998

色ガラス棒の購入について

バーナーワーク用の色ガラス棒（カラーロッド）は
佐竹ガラスで通信販売しているほか、
道具類の一部も扱っている
下記の店舗で直接、購入できます。

■Beads shop Ｊ４
東京都台東区浅草橋1-21-6
TEL. 03-5821-7553

■Glass Land 東京店
千葉県浦安市舞浜1-4 イクスピアリ2Ｆ
TEL.047-305-5840

■Glass Land 福岡店
福岡県福岡市中央区地行浜2-2-1
ホークスタウンモール2Ｆ
TEL.092-844-7930

■東急ハンズ池袋店
東京都豊島区東池袋1-28-10
TEL.03-3980-6111（代）

■東急ハンズ心斎橋店
大阪府大阪市中央区南船場3-4-12
TEL.06-6243-3111（代）

■東急ハンズ名古屋ＡＮＮＥＸ店
愛知県名古屋市中区錦3-5-4
TEL.052-953-2811（代）

■東急ハンズ名古屋店
愛知県名古屋市中村区名駅1-1-4
ジェイアール名古屋タカシマヤ内4～10Ｆ
TEL.052-566-0109（代）

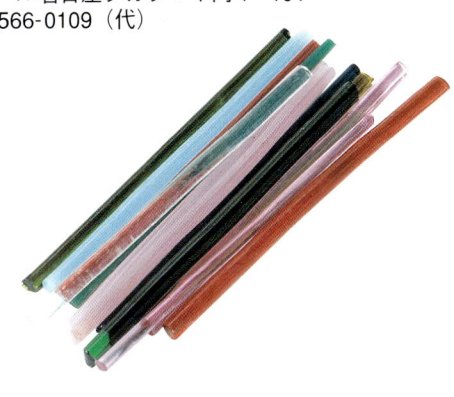

作品制作 ……………………… 三宅雅美（PART1　P58〜65除く）
山本達也（PART2）
小阪友美子（P12〜13）
大村実和子（P58〜65）

資材協力 ……………………… Beads shop J4

撮影 ……………………… 山本正義

装丁・デザイン ……………………… プラス・アイ
（菅野由紀子＋山野井美穂）

編集・スタイリング
……………………… 高橋寿子

バーナーで作る
手作りとんぼ玉の本

2004年10月30日　初版発行
2006年11月30日　2刷発行

監修　佐竹ガラス
発行者　若森繁男
発行所　株式会社河出書房新社
〒151-0051
東京都渋谷区千駄ヶ谷2-32-2
電話　03-3404-8611（編集）
03-3404-1201（営業）
http://www.kawade.co.jp/
印刷／製本　凸版印刷株式会社